LE SYSTÈME POLITIQUE DE L'AVENIR

LES NATIONALITÉS SOLIDARISÉES

DANS UN LIEN FÉDÉRAL

CONFÉDÉRATION EUROPÉENNE

PAIX UNIVERSELLE

PAR

GALLUS

PARIS
A LA LIBRAIRIE DES SCIENCES SOCIALES
Rue des Saints-Pères, 13
ET CHEZ L'AUTEUR, LE Dr A. DE BONNARD
15, rue Mazagran

1867

SYSTÈME POLITIQUE DE L'AVENIR

LES NATIONALITÉS SOLIDARISÉES DANS UN LIEN FÉDÉRATIF

CONFÉDÉRATION EUROPÉENNE

PAIX UNIVERSELLE

Le droit de tous substitué à la violence de quelques-uns
Règne de la justice.

La confédération européenne!... la paix universelle!... le règne de la justice, et de la justice absolue, encore!.. Utopie, va-t-on dire, utopie réalisable au plus en l'an 2000. En l'an 2000!... mais c'est une date qu'on peut débattre, comme l'a dit Béranger. Pourquoi pas en 1900? Pourquoi pas dans dix ans? Pourquoi pas demain?

Est-ce parce que toute l'Europe est en armes et charge ses canons jusqu'à la gueule? Mais cette guerre entre les peuples européens, véritable guerre civile, fait horreur à tout le monde. Aura-t-elle lieu? Recommencerons-nous, en pleine civilisation, les égorgements du passé, à la grande joie des hyènes et des vautours, seuls bénéficiaires dans ces tueries ignobles? Non.

Après soixante siècles d'ignorance, de misère et de douleur, nous sortons enfin de l'animalité inconsciente et nous commençons à devenir des hommes, c'est-à-dire des êtres bons et raisonnables; ayons donc espoir.

La locomotive du progrès court à grande vitesse sur le chemin de l'avenir et transforme tout sur son passage. Qui sait si, effleurant seulement de sa roue brûlante les deux ou trois stations intermédiaires, elle n'atteindra pas d'un seul bond cette station splendide qui s'appelle la *paix universelle?*

Nous sommes dans le siècle des miracles; les choses prédites par les hommes de bien vont s'accomplir; Henri IV, l'abbé de Saint-Pierre, les grands penseurs de ce siècle ne seront plus des utopistes. Le peuple, cet éternel martyr, ce grand crucifié des âges, sort du tombeau, immortel, purifié, transfiguré. Lui qui, hier encore, n'était rien

1867

il affirme aujourd'hui qu'il est *tout*. Il dit que les travailleurs de toute race, de toute langue, de toute religion sont des frères et que ces frères doivent vivre en paix, s'enrichir réciproquement par le travail et l'échange, au lieu de s'entr'égorger comme des bêtes sauvages dans des guerres dont il paye les frais et dans des batailles qui se font sur son dos. Il dit encore que si, jusqu'à présent, la direction des sociétés a été confiée aux classes supérieures, qui sont la noblesse, le clergé et la bourgeoisie ou tiers état, lui, *le quatrième état*, doit avoir à son tour voix au chapitre, et il parle assez haut pour qu'il soit sage de l'entendre.

Ecoutons donc la grande voix de ce tard-venu, qui a pris pour devise : PAIX, TRAVAIL, JUSTICE, SOLIDARITÉ, et voyons comment il entend les choses. Il n'est pas savant, mais il a un flair politique qui lui fait pressentir l'avenir cent mille fois mieux que les diplomates, dont l'odorat est perverti par les odeurs nauséabondes d'un passé qui, étant mort, et bien mort, présente les premiers symptômes de la fermentation putride.

Si nous n'en sommes qu'aux premiers symptômes, que seront donc les derniers? Mais passons.

I

PRINCIPES. — THÉORIE. — MOYEN DE RÉALISATION.

Jusqu'ici, dit le peuple, on a cherché l'équilibre dans la violence; on n'a obtenu ainsi qu'un équilibre faux ou instable. Pour obtenir l'équilibre vrai ou stable, il faut appliquer hardiment et sans hésitation la justice aux rapports sociaux et internationaux.

La justice consiste à ne pas faire aux autres et à ne pas permettre qu'il leur soit fait ce que nous ne voudrions pas qui nous fût fait à nous-mêmes.

Si la justice défend aux individus d'attenter à la vie, à la liberté, à la propriété d'autrui, de même elle exige que les nations, qui sont des personnes morales collectives, se respectent mutuellement dans leur unité politique, dans leur indépendance et dans leurs possessions territoriales.

Pour avoir méconnu ces principes, bases d'un équilibre stable, les nations européennes ont été forcées, depuis 1815, à un régime de paix armée, offrant, comme l'a dit Napoléon III, tous les inconvénients de la guerre sans en avoir les avantages, paix armée qui leur a coûté, en y ajoutant les intérêts cumulés, plusieurs centaines de milliards, c'est-à-dire une somme représentant la valeur de la France et plus. Quelle absurdité!

Pour établir l'équilibre vrai parmi les nations civilisées, il faut :

1° Que chaque nationalité soit reconnue exister par elle-même et indépendamment de toute autorité extérieure, ce qui suppose qu'elle est maîtresse absolue de se donner telle forme de gouvernement qu'il lui plaît, toute autorité dérivant d'elle, et nulle volonté n'étant supérieure à sa volonté souveraine, exprimée par le vote universel;

2° Qu'il lui soit permis de se constituer dans ses limites naturelles, selon la forme politique qui lui est propre ou qu'il lui convient d'adopter ;

3° Que les nations soient reliées les unes aux autres par un contrat d'assurance mutuelle qui fasse que l'injure dont l'une d'elles pourrait souffrir, soit immédiatement ou réparée par la nation coupable, ou punie par toutes les autres, coalisées contre elle et prenant pour leur compte l'injure qui a été faite ;

4° Que chaque peuple adulte ou majeur, — et nous entendons par ce mot tout peuple qui a fait de grands progrès en civilisation, qui admet l'égalité de tous devant la loi, l'instruction gratuite et obligatoire poussée aux degrés supérieurs en faveur des plus capables et non des plus riches ; le droit de chacun à remplir tous les emplois proportionnellement à sa capacité ; la liberté de conscience et la liberté de la pensée ; il faut, disons-nous, que chaque peuple majeur puisse satisfaire son besoin légitime d'expansion par la colonisation, le commerce, et même la conquête des races encore en état d'enfance ou de minorité, c'est-à-dire encore à l'état sauvage ou barbare ; mais à la condition expresse que cette conquête ait pour objet l'amélioration du sort des populations conquises et le progrès social.

Le programme que nous venons de tracer est beau ; il satisfait à la fois l'esprit et la conscience. Pour le réaliser, on a dû concevoir la carte de l'Europe et du monde de telle sorte que chaque nation civilisée, en occupant sa véritable place et en étendant sa vie de rapport, ne puisse devenir ni oppressive, ni opprimée, et concoure, par le libre emploi de ses forces et de ses moyens, à l'harmonie de l'ensemble.

Dans cet ordre d'idées, chaque peuple est constitué dans son unité nationale selon sa situation géographique, sa tradition, ses tendances, ses affinités de race, et aussi selon le poids qu'il doit avoir, pour le plus grand bien de l'humanité, dans la balance générale.

On a fait disparaître de la carte des nations tous Etats n'ayant d'autre raison d'être que des droits féodaux ou extranationaux ; mais on y a maintenu, et au besoin instauré un certain nombre de villes libres et d'Etats neutres, lesquels, placés sous la protection commune de toutes les puissances, tiennent la clef des grands passages et conservent, au profit de toutes les victimes des luttes politiques, religieuses et sociales, un droit d'asile inviolable.

5° Au moyen de contingents fournis par les diverses nations solidarisées entre elles et de contributions pécuniaires obligatoires pour toutes, on a substitué aux marines militaires entretenues à grands frais par chaque peuple, et menaçantes pour la sécurité de tous, une marine militaire internationale, appelée GENDARMERIE MARITIME, qui est chargée de la police des mers, et qui protège les villes libres et les territoires neutres. Elle surveille également les voies de communication fluviales, comme le Rhin, le Danube, le Dnieper, le canal de Suez, dont la liberté intéresse les puissances riveraines et l'humanité tout entière.

6° Enfin, l'Europe formant une immense confédération, rêvée ou plutôt entrevue déjà par Henri IV, a créé un *Congrès international permanent*, où toutes les puissances se font représenter au fur et à mesure qu'elles se constituent dans leur unité politique, et où elles substituent les principes de la justice et de la morale universelle a la force bestiale. Ce Congrès, ou *Diète européenne*, a seul la disposition des forces militaires et la direction suprême des neutres, mais seulement en ce qui concerne les rapports internationaux et les intérêts généraux de l'humanité.

Cela dit, étudions les diverses pièces qui entrent dans le mécanisme de la Confédération européenne, et voyons-la fonctionner.

II

CONFÉDÉRATION EUROPÉENNE

ÉTATS QUI EN FONT PARTIE

Gaule.

Les frontières de la Gaule sont tracées par la nature : au N. et à l'O., la mer du Nord ou d'Allemagne, la Manche, l'océan Atlantique ; au S., la mer Méditerranée, qui doit être un lac européen et non un lac français, comme on l'avait rêvé dans un jour d'éblouissement; les Pyrénées, qui séparent la Gaule de l'Ibérie ; enfin, à l'E., la grande chaîne des Alpes et le Rhin, fleuve à la fois helvétique, gaulois et germain.

Dans la grande Confédération européenne, la Gaule forme une confédération restreinte sous l'hégémonie française, et qui est composée de la France, de la Belgique et de la *Rhénie*, ce dernier Etat formé des anciennes provinces de la défunte Confédération germanique, situées sur la rive gauche du Rhin. Dans la Confédération gauloise, la France, tout en décentralisant ce qui doit être décentralisé, a conservé son gouvernement unitaire, qui fait sa force et qui l'a mise à la tête de l'Europe.

A ceux qui regretteraient de ne pas voir la Gaule formant, sous un seul gouvernement, une unité massive, nous dirons que ces unités, redoutables en raison directe de leur masse, seront inutiles dans une société pacifiée, et que si elles offrent un côté utile lorsqu'il s'agit d'attaquer ou de se défendre, elles sont moins favorables à la liberté que la forme fédérative. C'est pourquoi, dans l'Europe pacifiée, il y a une fédération gauloise et non un empire s'étendant des bouches du Rhin aux Pyrénées, de Brest aux Alpes-Maritimes.

Dans cette confédération, la France, tranquille, heureuse et puissante, est aimée et non redoutée de ses voisins. Elle a achevé de conquérir et de civiliser l'Algérie, colonie merveilleuse, qui lui permet de pénétrer jusqu'au Soudan ou Nigritie, pays d'une richesse incommensurable, qui mérite à tous les points de vue le nom d'INDES AFRICAINES. Celles-là sont hors de la portée de la Russie et de l'Angleterre. Le désert du Sahara les défend contre toute tentative de domination injuste. On fera du commerce avec elles, on ne les conquerra pas par les armes pour les exploiter sans merci ni miséricorde, comme ont fait les Espagnols et les Portugais en Amérique, comme font aujourd'hui encore les Anglais dans les Indes asiatiques.

Tous les peuples méditerranéens concourront directement et fraternellement au commerce avec les Indes africaines.

Germanie ou Allemagne.

La Germanie est bornée par le Rhin, le Danemark, la Pologne reconstituée, la Confédération danubienne, l'Istrie neutralisée, l'Italie et l'Helvétie ou Suisse. Elle forme une masse compacte d'une étendue égale à celle de la Gaule. Elle est assise sur la Baltique et sur la mer du Nord ou d'Allemagne, où elle a des ports importants ; par l'Istrie neutralisée, elle touche à la mer Méditerranée. Elle est devenue une grande puissance maritime et envoie des colonies dans les diverses régions du globe.

La Germanie ne comprend plus qu'un petit nombre d'Etats. Tous ceux qui n'avaient pour raison d'être qu'une liste civile à payer à un prince inutile, ont été impitoyablement rayés de la carte.

Des nécessités géographiques lui ont enlevé les provinces rhénanes, qui forment la Rhénie, mais on lui a annexé la Bohême, habitée en grande partie par les Tchèques ou Bohêmes, qui sont d'origine slave, et la partie ouest de la Styrie et de l'Illyrie, où l'élément germanique est en minorité, mais où la population, très-mélangée, s'est prêtée sans trop de répugnance à cette annexion.

N'oublions pas, d'ailleurs, que la paix, basée sur la satisfaction réciproque des intérêts et obtenue par l'application intégrale de la justice absolue, a fait disparaître les haines internationales.

Les races européennes, si longtemps antipathiques, parce que des gouvernements machiavéliques les avaient divisées pour vivre de leur antagonisme, se sont, au nom de la paix, fraternellement donné la main pour former la Sainte-Alliance des peuples. Celle-là, véritablement sainte, est plus durable que la défunte Sainte-Alliance des rois, pacte de compression compendieusement, et ajoutons, bien inutilement élaboré contre la nation initiatrice du progrès social.

Comme la Gaule, la Germanie a adopté pour son organisation intérieure, la forme fédérative, moins dangereuse pour les voisins, et plus favorable à la liberté intérieure. La Prusse est la puissance prépondérante et directrice.

Italie.

Protégée par la chaine des Alpes et entourée par la mer, l'Italie devient puissance méditerranéenne de premier ordre.

L'étendue de ses côtes, l'infinie multiplicité de ses rades et de ses ports offrent à sa marine de puissants moyens de développement. Par la Sicile, l'île de Sardaigne et la Corse, qui théoriquement doit lui faire retour, elle entoure le bassin de la mer Tyrrhénienne et s'élance vers l'Afrique, qu'elle a pénétrée à l'instar de la France, en conquérant à la civilisation européenne la régence de Tunis, dont elle a fait la *Tunisie* ou *Italie africaine*.

Ibérie.

L'Espagne et le Portugal réunis forment l'Ibérie. La pointe de l'Espagne qui, avec la pointe correspondante de l'Afrique dessine le détroit de Gibraltar, est neutralisée sous le nom d'*Atlantie*, et chargée de la garde du détroit. La forteresse de Gibraltar a cessé d'appartenir aux Anglais, pour être placée aux mains de l'amphictyonie européenne.

L'Ibérie est appelée à agir à la fois sur la Méditerranée et sur l'Océan. Elle est rattachée à l'ancien monde par son côté méditerranéen, tandis que son finistère, comme celui de la France, s'élance vers le nouveau, et que Cadix et Gibraltar semblent se pencher sur l'Afrique.

L'Ibérie renaissant à la vie active et abandonnant l'intolérance religieuse, qui en faisait une nation demi-barbare, s'est constituée, a marché à grands pas dans la voie de la civilisation, a soumis à sa loi le Maroc, habité par une race musulmane aussi intolérante que fanatique, et en a fait la *Maroquie* ou *Ibérie africaine*.

Convertie pour toujours aux vérités supérieures de la philosophie religieuse, elle a reconquis son rang de grande puissance européenne ; elle est redevenue, mais cette fois pour le bonheur de l'humanité, une nation colonisatrice.

Confédération danubienne.

L'Autriche a disparu, ou plutôt elle s'est transformée, perdant quelques provinces pour en gagner d'autres sur la Turquie, campée momentanément en Europe, comme l'a si bien dit Montesquieu, et définitivement refoulée dans l'Asie, d'où elle était venue.

Au lieu d'un empire toujours prêt à se disloquer, nous avons une confédération solide, basée sur les affinités de race et surtout sur la similitude des intérêts.

Les Etats de la Confédération sont : la Hongrie, la Moravie, la Transylvanie, les parties non germanisées de la Styrie et de l'Illyrie, la Dalmatie, qui se baigne dans la mer Adriatique et possède de bons ports, la Croatie autrichienne et turque, la Bosnie, la Servie, la Bulgarie, provinces qui ont si longtemps appartenu à l'empire des Osmanlis.

La Bulgarie a des ports sur la mer Noire, de sorte que la Confédération est largement satisfaite dans ses besoins de circulation maritime.

La Confédération danubienne se compose en grande partie de Slaves ; mais ses populations mêlées de Magyares, de Germains, de Roumains et de Grecs, forment entre les peuples de l'Europe occidentale et les Slaves de la Russie une barrière infranchissable, et en même temps une transition nécessaire. Les Etats qui en font partie conservent, comme dans les confédérations dont nous venons de parler, leur autonomie nationale et leur administration intérieure. Comme dans toute confédération, ils sont unis par une diète ou assemblée souveraine, qui pourvoit aux rapports entre les Etats et représente la Confédération vis-à-vis de l'étranger. — Ils ont une seule ligne de douanes et un tarif commun.

La Confédération danubienne, s'étendant de la mer Adriatique à la mer Noire, et des monts Karpathes à la chaîne du Balkan et au mont Tchar-Dagh, qui limitent au Sud la Bulgarie, la Servie et la Bosnie, présente une masse compacte dans tous les sens, et capable de résister aux chocs les plus violents. Par le fait de son installation, elle a résolu pacifiquement et sans bruit cette formidable question d'Orient, qui menaçait d'embraser le monde, et de faire de la mer Méditerranée un lac de sang, et finalement un lac russe.

La Confédération danubienne est sous l'hégémonie de la Hongrie, Etat prépondérant par sa population et sa civilisation plus avancée.

Grèce.

La Grèce, qui éclaira l'ancien monde comme un phare lumineux, et fut le berceau de la civilisation occidentale, est sortie de sa tombe et a repris sa place parmi les nations vivantes. Elle prouve à l'univers que ses enfants, après avoir secoué le joug abrutissant du Turc, ont su faire revivre les vertus de leurs ancêtres.

Comme territoire, elle comprend la Macédoine, l'Epire ou Albanie, la Thessalie, le royaume actuel de Grèce, les îles Ioniennes, la Crète et tout l'Archipel.

Grâce à l'activité intelligente de sa population habile dans les sciences, les arts, les lettres, dans le commerce, l'industrie, et qui fournit les premiers marins du monde, la Grèce a fait disparaître les traces du long esclavage auquel le Turc l'avait soumise. Ses villes sont reconstruites et ses ports déblayés; partout s'élèvent des écoles, des académies où les lettres, les sciences et la philosophie sont enseignées comme au temps de Socrate, de Platon, d'Aristote et d'Euclide. Ses flottes marchandes naviguent sur la Méditerranée, et, traversant le détroit de Gibraltar et le canal de Suez, s'élancent vers les régions lointaines de l'Amérique, de l'Afrique, de l'Asie orientale, de l'Océanie aux îles multiples et parfumées.

Russie.

La Russie, maintenue en respect par l'Europe fédéralisée, a renoncé au rêve impossible de la domination universelle, et son tzar, qui un moment a espéré devenir l'omniarque du globe, se contente du titre, assez beau du reste, d'empereur de toutes les Russies. Avec le suffrage universel généralisé, le règne de l'intrigue a fini. — Ne pouvant corrompre les peuples et les acheter comme autrefois elle achetait les princes, la Russie a renoncé à réaliser le testament, plus ou moins apocryphe, de Pierre le Grand. Elle a compris que sa mission n'est pas de peser sur l'Europe plus civilisée qu'elle, mais d'y puiser sans cesse les éléments de sa puissance en mettant de plus en plus les populations mêlées et moitié barbares sur lesquelles elle règne en contact avec les peuples de l'Occident, qui sont les aînés du genre humain par leur civilisation avancée.

Se bornant à la part d'influence qui lui est légitimement due en Europe, la Russie porte toute son action sur l'Asie centrale et septentrionale, qu'elle a pour mission de civiliser. Son empire est sans limites du côté de l'Orient, où elle trouve des régions fertiles, arrosées par des fleuves immenses et qui ne demandent qu'à être peuplées. — Tout ce qu'elle a su conquérir à la civilisation lui appartient sans conteste. Grande puissance en Europe, mais puissance dont l'influence est pondérée, elle est puissance prépondérante en Asie.

En l'an 2000, la Chine sera-t-elle assez transformée pour tenir tête à son terrible voisin ? Les Anglais auront-ils assez fait aimer leur domination dans les Indes pour n'avoir rien à craindre des successeurs civilisés d'Attila, de Gengiskan et de Tamerlan, redoutables pour l'attaque, géographiquement invincibles en cas de défense ? Espérons que les gouvernements chinois et anglais auront enfin compris que la force est dans la justice, et que la violence et l'injustice amènent tôt ou tard des conséquences désastreuses pour ceux qui y ont recours.

« Celui qui frappera avec l'épée périra par l'épée, » a dit le divin novateur mort sur le Golgotha; aphorisme qui s'applique admirablement à la politique, et se traduit ainsi : « Celui qui a établi sa domination par la violence périra par la violence. »

La violence est la mère des révolutions; la justice est la mère de l'ordre et de la paix ; qu'on ne l'oublie pas.

Grande-Bretagne.

Bien que, pour assurer le règne de la paix et établir la balance politique, on ait dû faire sur l'Angleterre de nombreuses reprises, cependant, la nation anglaise est, de toutes celles de l'Europe, celle qui a bénéficié le plus du nouvel équilibre.

En effet, si dans les périodes sauvages et barbares, en l'absence de toute force sociale protectrice, il est permis à chacun de se faire justice, de même, lorsque le chaos existe dans les rapports internationaux, il est permis à chaque État de prendre toutes les précautions, même au détriment des autres peuples, pour défendre ses frontières et sauvegarder ses intérêts de toute nature.

C'est en vertu de ce principe, et pour protéger son immense commerce, que l'Angleterre s'était emparée d'un certain nombre de positions qu'elle a longtemps détenues à grands frais, après les avoir soigneusement fortifiées. Les nations civilisées des deux hémisphères ne voyaient pas sans inquiétude les principales routes du commerce gardées par les marins de l'Angleterre, posés en sentinelle sur les rochers stériles d'Héligoland, qui menace les embouchures de l'Elbe et du Wéser, de Gibraltar, de Malte, d'Aden, de Sainte-Hélène et de Périm, à l'embouchure de la mer Rouge dans la mer d'Oman, position formidable d'où ils dominaient le canal de Suez, créé pour l'avantage de tous et non pour le monopole commercial des fils d'Albion.

Ces positions, aux mains du gouvernement anglais, comme aux mains de toute autre grande puissance maritime, étaient menaçantes pour la paix du monde, mais il n'y a plus eu lieu de s'inquiéter le jour où l'Angleterre, se délivrant d'un lourd fardeau budgétaire, les a livrées à la *gendarmerie maritime* chargée de la police des mers et de la défense du droit international.

En restituant Corfou à la Grèce, bien avant l'organisation de l'amphictyonie européenne, l'Angleterre avait prouvé d'avance qu'elle comprenait le droit international de l'avenir, et qu'elle était toute prête à céder ses forteresses maritimes parsemées sur toutes les mers, le jour où les grandes routes océaniques seraient efficacement protégées par une *force neutre*, contre toute tentative de domination partielle, ces routes étant le domaine de tous et non de quelques-uns.

La remise de ces postes importants et improductifs a considérablement soulagé le budget de la Grande-Bretagne, et a prouvé surabondamment que l'Angleterre n'avait aucune prétention de domination exclusive sur les mers, qui sont la plus belle et la plus utile partie du domaine universel.

Enfin, la Grande-Bretagne, réduite en Europe à son territoire propre (Angleterre, Ecosse, Irlande), mais conservant dans le reste du monde d'immenses possessions, a vu, par la concentration de ses forces, s'augmenter sa puissance expansive, et grandir la légitime influence qu'elle exerce sur les destinées du monde.

Surveillée par la Russie qui, prête à fondre sur sa proie, s'est avancée jusqu'au Caucase indien, l'Angleterre a réparé les crimes qu'elle avait commis dans les Indes. Elle s'est aperçue enfin que la justice est la plus grande des forces sociales. Longtemps exécrée dans ces régions merveilleuses qu'arrosent l'Indus et le Gange, sorti de la cruche de Brahma, elle s'est fait bénir des Hindous en substituant à un système de violence et d'exaction un gouvernement juste et paternel. Les Hindous ont commencé à se convertir à la foi chrétienne, épurée par la philosophie et le libre examen.

Pologne.

Sous la pression de la volonté universelle fortement exprimée, la Russie et l'Allemagne ont consenti à la reconstruction de la Pologne dans ses grandes limites. L'Allemagne a fait une excellente opération en mettant entre elle et la Russie une puissance qui la défend, et, dans tous les cas, adoucit les rapports qu'elle peut avoir avec le géant du Nord.

La Pologne et la Confédération danubienne, soutenues par les puissances occidentales, servent de boulevard à l'Europe contre toute tentative d'envahissement par une puissance asiatique.

Scandinavie.

La Suède, la Norvége, l'Islande et la Finlande, restituée par la Russie, forment une Confédération sous l'hégémonie de la Suède.

Si la Russie s'est emparée de la Finlande parce qu'elle était nécessaire à la sécurité de Saint-Pétersbourg, sa capitale artificielle, cette province a pu, sans inconvénient, faire retour à la Scandinavie, Moscou étant redevenue la capitale des Czars.

La Scandinavie s'est augmentée du reste des régions circumpolaires, non acquises encore à la civilisation européenne.

Turquie.

Les Turcs ont passé d'Europe en Asie Mineure. Dans leur immense empire, leur autorité ne se manifestait que par une épouvantable compression des chrétiens soumis à leurs lois. Ils ont reconnu toute la justesse de ce proverbe : « Qui trop embrasse mal étreint. » Plus sages, ils se contentent de l'Asie-Mineure et ils n'ont pas à se plaindre, car ce pays est admirable et grand comme la France. On a neutralisé sur leurs côtes plusieurs villes : Tarsous, Smyrne, Sinope, Trébizonde.

Envahis de tous les côtés par la civilisation chrétienne, ils ont policé leurs mœurs, sont enfin devenus travailleurs, ont reconnu l'égalité des droits de tous, quelle que soit la religion de chacun et ont rappelé la prospérité dans des régions que la civilisation de la Grèce païenne avait élevées à un degré merveilleux de splendeur.

Syrie.

La Syrie est devenue, comme au temps des Ptolémées, un état à part. Située sur les bords de la Méditerranée, voisine des régions occupées par les Arabes nomades, elle en a fixé un grand nombre, qui sont devenus cultivateurs et industriels. Les Arabes se sont rappelé qu'ils ont été autrefois une nation civilisée, alors que le grand calife Haroun-al-Raschild régnait à Bagdad et envoyait une ambassade à Charlemagne, le puissant empereur de l'Occident. Sous l'influence et l'excitation des peuples chrétiens, ils se sont relevés de leur abaissement et marchent de pair avec l'Europe, à laquelle, au moyen âge, ils avaient rapporté la lumière.

Égypte.

Bien que musulmane, l'Egypte avait, depuis longtemps, accepté l'influence des peuples chrétiens. — Placée sur la route des Indes, traversée par un fleuve magnifique et par le canal de Suez qui sert de trait d'union entre deux mondes, elle est devenue un immense entrepôt et sert de rendez-vous à tous les marchands de l'univers. Jamais, au temps des Sésostris et des Ptolémées, elle n'avait atteint un tel degré de splendeur.

En l'an 2000, il existe donc en Europe et autour du bassin méditerranéen treize grands Etats unitairement constitués ou formés de provinces confédérées. Ces Etats sont : 1° l'Angleterre ; 2° la Scandinavie ; 3° la Russie ; 4° la France ; 5° l'Allemagne fédéralisée ; 6° la Pologne ; 7° l'Ibérie ; 8° l'Italie ; 9° la Confédération danubienne ; 10° la Grèce ; 11° la Turquie ; 12° la Syrie ; 13° l'Egypte.

Ces treize Etats, avec les neutres dont nous allons nous occuper, forment la grande *Confédération européenne*, véritable *amphictyonie*, dont le siége est à *Constantinople*.

Mais, avant d'aller plus loin, parlons des neutres, qui jouent un rôle si important dans le mécanisme de la Confédération.

III

LES NEUTRES.

Si nul ne doit se faire justice lui-même, c'est à la condition qu'elle lui sera rendue par un pouvoir social supérieur, librement institué par tous. Les sergents de ville, payés par tous, maintiennent l'ordre et la libre circulation dans la rue ; de même font les gendarmes pour l'ensemble du territoire ; enfin des tribunaux, institués par la Société, protégent le faible, contiennent le fort dans ses prétentions non justifiées et font passer tout le monde sous le niveau égalitaire de la loi.

Ce que font, dans chaque société privée, les sergents de ville, les gendarmes, les gardes champêtres et les juges, *qui sont des neutres*, d'autres neutres, plus puissants, le font dans cette société supérieure qui s'appelle la grande Confédération européenne.

Dénombrons les neutres et disons quelle fonction incombe à chacun.

1° *Le Danemark et la pointe sud de la Suède* sont neutralisés, en leur qualité de portiers de la mer Baltique, dont les czars ont si longtemps espéré faire un lac russe.

2° *Héligoland*, nid d'aigle qui surveille les embouchures de l'Elbe et du Wéser, a été cédée par les Anglais. Elle est neutralisée entre les mains de l'amphictyonie.

3° *La Hollande.* — Le Rhin est un fleuve à la fois helvétique, gaulois et germain ; il importe que ses riverains naviguent librement tout le long de son cours. La Hollande, placée à son embouchure comme un véritable portier, est neutralisée et fait la police du fleuve. Les Germains ont enfin compris que leur prétention à la possession exclusive de ce fleuve, le plus beau de l'Europe occidentale, était mal fondée. Ils ont écouté la voix de la justice ; ils ont transformé en amis sincères les Gaulois, dont l'amitié n'a jamais été à dédaigner.

4° *L'Atlantie.* — La pointe sud de l'Espagne, où est Gibraltar, la pointe nord du Maroc où se trouve Ceuta, ont été neutralisées et forment un petit Etat nommé *Atlantie*, qui tient les clefs du détroit Océano-Méditerranéen.

5° *Malte.* — Rocher stérile, port de guerre formidable, placé entre les deux moitiés E. et O. de la Méditerranée, à l'entrée du large détroit qui sépare la Sicile de la Tunisie. Elle a été cédée par les Anglais, pour devenir le port principal de la flotte des neutres et la résidence de son grand amiral, comme elle était autrefois la résidence du grand-maître de l'ordre de Malte, qu'il remplace dans ses hautes fonctions de gardien, ou plutôt de *policier* des mers.

6° *Corfou*, qui garde la porte de la mer Adriatique, et que les Anglais ont, de leur plein gré, rendue à la Grèce.

7° La *Marmarie.* — Constantinople est la clef de l'Europe du côté de l'Orient. Si elle appartenait aux Russes, qui la convoitent depuis si longtemps, ils pourraient armer dans la mer Noire des flottes innombrables, et, débouchant par le canal de Constantinople dans la mer de Marmara, de là dans l'Archipel par le détroit des Dardanelles, faire de la Méditerranée un lac russe, et soumettre l'Occident à la barbarie asiatique comme les Turcs avaient, avant eux, tenté de le faire.

Les Européens occidentaux ont bien compris le danger. Aussi, ont-ils fait neutraliser la partie orientale de la Roumélie, qui correspond à l'ancienne Thrace, plus toute la partie de l'Anatolie ou Asie-Mineure qui borne au sud la mer de Marmara et le détroit des Dardanelles. Ces pays neutralisés qui entourent de toutes parts la mer de Marmara, le détroit de Constantinople et celui des Dardanelles, ont pris le nom de *Marmarie*. Là se trouve Constantinople, siége de la Diète européenne, et par conséquent *capitale fédérale de l'Europe*.

La Russie, en présence de la volonté de tous, a dû renoncer pour jamais à faire de Constantinople la capitale de son immense empire. — Elle a rendu ce titre à Moscou, point central de ses possessions européennes.

8° La *Basse-Danubie.* — Elle garde les bouches du Danube, fleuve commun aux Germains du Sud et à la Confédération danubienne.

9° *L'embouchure du Dniéper ou Borysthène.* — Ce fleuve sépare la Pologne reconstituée de la Russie ramenée à ses limites naturelles du côté de l'Occident. C'est pourquoi on a neutralisé son embouchure.

La *Palestine.* — Centre de la foi chrétienne, siége du Pape et foyer de la propagande religieuse.

Après 2000 ans d'existence, le christianisme avait besoin, pour se rajeunir et se purifier, de revenir à son point de départ. Les chrétiens, ayant enfin reconquis le tombeau du Christ, en ont fait le centre de la propagande religieuse.

Les catholiques, pour honorer la patrie terrestre de leur Dieu, ont voulu que Jérusalem devînt le siége de celui qu'ils regardent comme le chef de leur Eglise et le vicaire de Jésus-Christ. Cependant, comme les

Lieux-Saints appartiennent également à tous les membres de la chrétienté, toutes les communions y sont également admises, l'amphictyonie ayant déterminé l'ordre et la règle dans lesquels doit s'exercer pour tous les chrétiens la libre jouissance des Lieux-Saints.

En l'an 2000, on a pu remarquer que le Saint-Siége, qui était, à Rome, une cause perpétuelle de trouble et de désordre, est devenu, à Jérusalem, un foyer de lumière et un élément puissant de civilisation. La propagande chrétienne de toutes les communions part de la Palestine pour s'irradier dans tous les sens. Déjà les populations musulmanes des bords de la mer Noire, de la Syrie, des rives du Tigre et de l'Euphrate, comme celles de l'Arabie et celles encore qui environnent le golfe Persique, sont à moitié converties au christianisme épuré de l'an 2000. La Mecque est déserte, son pèlerinage, qui, en fait de propagande, nous envoyait le choléra et nous prouvait ainsi que les nations avancées en civilisation sont, par le mal, solidaires de celles que l'ignorance maintient dans la barbarie, son pèlerinage, disons-nous, est à peu près abandonné ; Allah rejoint Jupiter tonnant, Mars le Dieu des armées, Vénus l'impudique, Mercure, dieu des marchands et des voleurs.

La propagande du christianisme scientifique court à pleine vapeur à travers les nations sauvages et barbares. On peut prévoir le moment où l'Asie, le monde océanien, l'Afrique tout entière, attaqués à la fois par les missionnaires de la religion et par ceux, non moins actifs, de la science, de la morale, du commerce et de l'industrie, auront adopté une foi supérieure, en harmonie avec la civilisation européenne.

1° *Canal de Suez.* — Tandis que quelques saint-simoniens s'occupaient, aux grands applaudissements du monde civilisé, à joindre par le canal de Suez l'Occident industriel à l'extrême Orient, à l'Océanie et à la côte E. de l'Afrique, l'Angleterre, gouvernée par les classes privilégiées, qui ne comprenaient rien à l'avenir démocratique des sociétés humaines, s'emparait du rocher de Périm, situé à l'extrémité sud de la mer Rouge, au milieu du détroit de Bab-el-Mandeb, qui la fait communiquer à la mer des Indes.

L'Angleterre aristocratique, en agissant ainsi, espérait annuler les conséquences de l'ouverture du canal de Suez, ou plutôt s'emparer pour elle toute seule de la plus grande route maritime du monde, et conserver indéfiniment à son bénéfice l'exploitation des régions de l'extrême Orient, sur lesquelles elle s'était précipitée et qu'elle pressurait sans merci ni miséricorde.

Mais, en l'an 2000, et même bien avant, tout a changé dans la manière de voir de l'Angleterre, devenue puissance démocratique, et comprenant, d'ailleurs, qu'il lui est impossible de lutter contre la volonté des nations civilisées, bien décidées à faire respecter la liberté des mers, qui sont le domaine commun de l'humanité. Les Anglais ont donc livré Périm à la gendarmerie des mers, qui y a établi un poste important. Ils usent avec joie du canal de Suez, ouvert à toutes les marines marchandes du globe, sans distinction de pavillon.

12° *Alexandrie*, en Egypte, *Beyrouth*, sur la côte de Syrie, *Tarsous*, *Smyrne*, *Sinope* et *Trébizonde*, sur les côtes de l'Asie Mineure ou Turquie d'Asie, sont neutralisées. Ces villes sont autant de points par lesquels la civilisation pénètre avec les marchandises de l'Europe au milieu des populations musulmanes, qui cessent d'être rebelles à notre morale supérieure, et finissent par adopter nos principes de tolérance.

13° *Sébastopol*, admirable port militaire et commercial sur la côte ouest de la mer Noire.—Il surveille les bouches du Danube, l'embouchure du Dniéper, Odessa, et peut lancer des flottes qui atteignent en quelques heures les côtes nord de l'Anatolie ou Turquie d'Asie et Constantinople.

Une expérience assez chèrement achetée a démontré à l'Europe, en l'an 2000, que ce repaire formidable doit être remis aux mains des neutres.

Sébastopol est devenu, pour la sécurité de tous, la station principale de la gendarmerie maritime dans la mer Noire.

Ainsi a fini, pour le bien de tous, la domination exclusive de la Russie sur cette mer, que les anciens avaient baptisée du nom sinistre de *Mer ténébreuse*, et qui le mérita aussi longtemps qu'elle cacha dans ses ports mystérieux les flottes peu bienveillantes des successeurs de Gengis-Khan.

14° *Zara*, *Cattaro*, situées sur la côte E. de la mer Adriatique. — De ces points, avantageux pour le commerce des Danubiens, la civilisation s'insinue au milieu de populations à la fois courageuses et intelligentes, que le régime abrutissant des Turcs avait si longtemps maintenues dans un état de demi-barbarie.

15° *L'Istrie*. — Dans un but commercial, et pour faciliter aux Germains du sud le libre accès de la mer Adriatique, dont ils sont très-voisins, on a neutralisé l'Istrie. Cette province a un port militaire important, Pola, et un port de commerce, Trieste, rival, mais rival non absorbant de Venise la ressuscitée et de Marseille, la puissante métropole du commerce de l'Orient. Cette neutralisation satisfait complétement le besoin que les Germains éprouvent de faire voguer leurs flottes de commerce sur la mer Méditerranée, mer centrale, qui, dans la grande circulation des hommes et des choses, joue le rôle prépondérant du cœur dans la circulation générale.

16° *L'île de Rhodes*. — Cette île est placée au S.-O. de l'Asie-Mineure. Elle surveille les Turcs, encore quelque peu rebelles à la morale universelle et aux idées de tolérance et de fraternité humaine, qui, en l'an 2000, ont force de loi dans l'Europe reconstituée.

17° *Minorque*. — Qui possède l'excellente station de Port-Mahon. Elle surveille la côte de Barbarie, et fait la police dans la partie occidentale de la mer Méditerranée.

18° *Kronstadt*. — Située dans le golfe de Finlande, sur une île entourée de rochers. Il était dangereux de laisser ce port militaire presque imprenable entre les mains de la Russie, qui a abandonné avec regret le projet séduisant de faire de la mer Baltique un lac russe, pendant naturel de cet autre lac russe auquel elle a dû également renoncer, et qui a nom la mer Noire.

19° La *Suisse*. — La Suisse, ou Helvétie, occupe des montagnes qui limitent à la fois l'Allemagne, l'Italie, la France. Ces montagnes sont des points stratégiques de la plus haute importance, qui ne doivent être livrés à aucunes des puissances limitrophes aux dépens de leurs voisines. Il y a là un intérêt commun, c'est pourquoi la Suisse, gardienne des défilés des Alpes, est neutralisée.

IV

CONSEIL AMPHICTYONIQUE OU CONGRÈS PERMANENT DE L'EUROPE FÉDÉRALISÉE.

La Grèce, composée de petits Etats formant une confédération, avait une assemblée générale de députés dite conseil des amphictyons, qui délibérait sur les choses d'intérêts communs à tous les membres de la Confédération, et prononçait en dernier ressort en cas de discussion entre deux ou plusieurs Etats.

De même est l'*amphictyonie européenne* ou Congrès permanent de l'Europe pacifiée et fédéralisée. Cette assemblée suprême siége à Constantinople, capitale fédérale de l'Europe, comme Francfort a été longtemps la capitale fédérale de l'Allemagne. Elle est composée de députés nommés par les treize grands Etats en nombre proportionnel au chiffre de leur population respective. De simples délégués représentent les neutres. Ils prennent part aux débats, mais n'ont pas voix délibérative.

Chaque Etat est absolument maître chez lui et se gouverne comme bon lui semble. Il fait avec ses forces de terre et de mer telles entreprises qu'il lui plaît contre les sauvages et les barbares et contre les puissances qui ne sont pas dans la Confédération. L'amphictyonie n'a rien à y voir.

Les délibérations du Congrès ont trait aux intérêts communs, à la bonne harmonie qui doit toujours exister entre les confédérés, à la répression à exercer contre un Etat de la Confédération ayant attenté aux droits d'un des confédérés, à la police des mers, qui doivent être libres pour tout vaisseau naviguant pacifiquement, à la répression de la piraterie et de la traite des noirs.

Pour assurer l'exécution de ses décrets, le conseil amphictyonique vote des contributions que payent tous les membres de la Confédération, proportionnellement à leurs ressources, et qui servent à couvrir les dépenses générales, dans lesquelles figurent en première ligne l'entretien des ports et de la flotte appartenant à la gendarmerie des mers, gendarmerie qui, ainsi que nous l'avons déjà dit, joue dans le monde politique, et pour le bien de tous, le rôle que l'ordre de Malte jouait autrefois dans l'intérêt exclusif du catholicisme.

V

CONCLUSION.

La fédération européenne, harmonisant les intérêts, a rendu inutiles les armées permanentes et permis leur licenciement ou leur transformation en armées industrielles. — Les conséquences du désarmement ont été les suivantes :

1° Economie annuelle de plusieurs milliards; retour au travail productif de millions de jeunes gens vigoureux, qui traînaient par les rues un sabre inutile et se démoralisaient dans la vie de garnison. Augmentation de la production annuelle se chiffrant en plusieurs milliards;

2° Retour vers les idées de mariage; augmentation de la population et diminution de la débauche;

3° Les gouvernants, issus du suffrage universel et ne s'appuyant plus, pour gouverner, sur la force des baïonnettes, ont compris qu'ils ne sont que des mandataires responsables et révocables. Ils ont mis de l'huile dans les rouages administratifs qui grinçaient par trop de sécheresse et les ont simplifiés, ce qui a amené une grande économie de force, c'est-à-dire d'argent. Ils ont ainsi réalisé l'administration à bon marché, ce qui n'a pas été une des moindres merveilles du nouvel ordre de choses;

4° Le capital, s'apercevant enfin que le véritable souverain est le peuple, est devenu plus maniable dans ses rapports avec le travail, qui est son père et contre lequel il s'était révolté. Les travailleurs, plus instruits, et par conséquent plus moraux, se sont arrangés de telle sorte que le capital créé par eux ne passe pas entre des mains étrangères et hostiles. Et même c'est parce que le travail est devenu le seul moyen d'arriver non à la fortune, mais au bien-être, auquel chaque homme a droit s'il emploie utilement ses facultés, que des positions sociales illogiques et des professions malsaines ont disparu.

Et c'est parce que la paix s'est faite dans l'atelier, que, de proche en proche, elle s'est faite dans l'intérieur des Etats et entre les Etats désormais solidarisés entre eux pour le bien, comme ils l'avaient été si longtemps pour le mal.

En l'an 2000, l'instruction étant généralisée et distribuée à chacun proportionnellement à l'intensité et à la variété de ses aptitudes et chacun occupant dans l'atelier social la place indiquée par ses facultés utilisées, tous vivront heureux et contents, parce qu'ils seront rétribués selon leurs œuvres.

Attendrons-nous, pour le règne absolu du bien au milieu des nations européennes, que l'an 2000 ait soulevé le marteau pour sonner son heure fatidique sur le cadran de l'Eternité ?... Non.

Paris. — Imprimerie de Dubuisson et Cie, rue Coq-Héron, 5.

OUVRAGE DU MÊME AUTEUR

LA MARMITE LIBÉRATRICE

www.ingramcontent.com/pod-product-compliance
Lightning Source LLC
Chambersburg PA
CBHW070434080426
42450CB00031B/2410